टाइम मशीन

टाइम मशीन

रवि शंकर सक्सेना

Made with ♥ on the Notion Press Platform
www.notionpress.com

क्रम-सूची

1

ये एक अद्भुत कहानी है टाइम मशीन

<u>समय क्या है आपकी नजर में</u>

एक लड़के का नाम रवि है वो भारत में पैदा हुआ है उसका जन्म भारत में उत्तर प्रदेश में शाहजहाँपुर में हुआ था उसकी माँ का नाम उषा है और उसके पिता का नाम ओम प्रकाश है। रवि एक अलौकिक बच्चा था उसपे भगवान की असीम कृपा थी। रवि जब छोटा था तब से ही वो बहुत जिज्ञासु प्रवृति का था जो हर एक वास्तु को देखता था उसके बारे में वो हर किसी से पूछता था कि वो कौन सा वास्तु है क्यों है। रवि की मां एक गृहिणी हैं और उनके पिता एयरफोर्स में काम करते हैं। रवि शुरू से ही बहुत इंटेलिजेंट लड़का था, वो बहुत जिज्ञासु भी था, स्कूल में भी वो पढ़ाई में एवरेज था लेकिन उसके अंदर एक चीज थी कि वो कभी कोई लेवल नहीं खो पाई

थी। रवि अभी केवल 10 साल का है और उसको बचपन से ही 1 ही सपना आया था कि टाइम मशीन बनानी है हमेशा भगवान शिव की पूजा करता था बचपन से छोटी उमर में ही उसने बहुत ज्ञान हासिल कर लिया था वो अपने सारे देवी देवताओं के बारे में मैं जानता था कि भगवान पर बहुत ज्यादा विश्वास था वो अपने परिवार में सबको बहुत प्रिय था। यूसे हमेंशा ब्रह्माण्ड के बारे में जानने में बहुत त्रिव इच्छा थी। वो बचपन से ही चाहता था कि समय यात्रा कैसे की जाए। भगवान शिव की संपूर्ण परिवार पर सदाव असीम कृपा रहती थी। शिव परिवार के इष्ट देवता थे. जब वो पिता के ऑफिस जाता था तो हमेशा हवाई जहाज देखा करता था पिता जी एयरफोर्स में काम करते थे। वो हमेंशा बचपन से ही न्यूटन, आइंस्टीन, जैसे वैज्ञानिकों की रिसर्च पढ़ता रहता था और उसकी प्रकृति के बारे में मैं देखने का अलग ही अपना तरीका था। उसके सपने में अक्सर भगवान शिव आते थे या टाइम मशीन का उपयोग करते थे और मुझे ज्ञान प्रदान करते थे। रवि बचपन से ही टाइम समय के बारे में ज्ञान हासिल करने लगा था। यूनिवर्स की खोज में वो बचपन से ही लग गया था। उसके पास बचपन ही बहुत अलौकिक शक्ति थी जिसे वो केवल महसुस कर सकता था। वो जो भी चीज़ पढ़ता था उसका संपूर्ण ज्ञान भगवान शिव की कृपा से हो जाता था। उसके जीवन में शुरू से ही टाइम मशीन बनाने का लक्ष्य था। रवि हमेशा समय के बारे में सोचता रहता था।

2

बचपन

रवि का बचपन से एक ही सपना था कि एक टाइम मशीन का उपयोग करना है जिसका उपयोग करके वो भूतकाल या वर्त्तमान कल में जा सके। जब वो 7 साल का था तब से ही उसने उस समय के बारे में बताया और अपना ज्ञान बढ़ाना शुरू कर दिया। वो हर एक चीज़ है जो ब्रह्माण्ड में मौजूद है उसके बारे में मैं जानना चाहता था। स्कूल लाइफ में वो बहुत ध्यान से पढ़ रहा था। और वो जब एक्स क्लास तक पहुंच गया तब तक वो बहुत ज्ञान अर्जित कर चूका था। साइंस माई उसकी सब से ज्यादा रुचि थी। उसका टाइम मशीन बनाने का ये का सपना था जिसे बनाने के लिए वो कुछ ना कुछ पड़ता रहता था।

3

विद्यालय के समय

रवि का बचपन से ही एक सपना था कि एक बार टाइम मशीन का उपयोग करके वो भूतकाल या वर्तमान काल में जा सके। जब वो 7 साल का था तब से ही उसने उस समय के बारे में जाना और अपना ज्ञान प्राप्त करना शुरू कर दिया। वो हर एक चीज़ है जो ब्रह्माण्ड में मौजूद है उसके बारे में मैं जानना चाहता हूँ। स्कूल लाइफ में वो बहुत ध्यान से पढ़ाई कर रही थी। और जब वो एक्स क्लास तक पहुंच गया तब तक वो बहुत ज्ञान अर्जित कर असफल हो गया। विज्ञान मुझे उसकी सबसे ज्यादा रुचि थी। उनका टाइम मशीन बनाने का ये का सपना था जिसे बनाने के लिए वो कुछ ना कुछ रहते थे। वो दसवीं कक्षा से ही रिसर्च करने लगा था उसे जो कुछ पूछना होता वो भगवान शिव का ध्यान कर पूछता था। वो हमेशा सोचता था कि ये हवा क्या है, कहां से आई है या कहां जा रही है, हवा का बहना समाज नहीं आता था। वो गणित में बहुत तेज था बचपन से ही मगर कुछ सवाल अक्सर उसे परेशान करते थे। गणित में जैसे एंगल, जो हम मुंह से शब्द

बोलते हैं वो किस एंगल में मुंह से भर आता है, वो
हमेशा सोचता था फोर्स के बारे में, कि फोर्स कैसे
काम करती है और हवा या फोर्स का क्या रिश्ता है,
क्यो की फोर्स पर शोध यूनिवर्स की शुरुआत से ही
चली आ रही है, उसके कुछ पॉइंट्स जो वो मानता
था मुझे शेयर कर रहा हूं करप्या इसे पड़े:
1 इस ब्रह्माण्ड की प्रत्येक वस्तु का कोई नापने योग्य कोण होता है।
2 इस ब्रह्माण्ड में प्रत्येक वस्तु दो ही स्थितियों में उपलब्ध है
ए) गति बी) आराम
3 एक सटीक उत्तर के लिए सबसे पहले आप एक सही प्रश्न बनाएं।
4 इस ब्रह्माण्ड की सबसे बड़ी शक्ति शक्ति है। एक बार बनाया नहीं
जा सकता
नष्ट कर दिया गया। यदि आप ब्रह्माण्ड से सब कुछ बल को अलग
कर दें
यह ब्रह्माण्ड रुका हुआ यानि REST है।
5 हमेशा अंतरिक्ष (अदृश्य शक्ति ओएस अदृश शक्ति) की पूजा करें
क्योंकि हर पल और हर स्थान पर
आपके जीवन में आप अंतरिक्ष से घिरे हुए हैं।
6 राइट हमेशा राइट साइड से राइट होता है और अगर आप राइट
भेजते हैं
गलत पक्ष की ओर और वे गलत सोचने लगते हैं कि आप गलत होंगे
आश्चर्य है कि वे गलत पक्ष से भी सही होंगे।

4

पुस्तकें ज्ञान

स्कूल जीवन में रवि ने बहुत सी वैज्ञानिक पुस्तकें पढ़ीं, जैसे न्यूटन के नियम, आइंस्टीन सिद्धांत, उन्होंने बिगबैंग सिद्धांत को कई बार पढ़ा, वे जानना चाहते थे कि इस ब्रह्माण्ड उत्पत्ति का कारण क्या है। क्यों की ये तो एक बहुत बड़े शोध का विषय है। उन्होंने अपने धर्म के बारे में कई किताबें पढ़ीं। टाइम मशीन बनाने के लिए आपके लिए सही सिद्धांत का पता लगाना बहुत जरूरी था।

रवि ने भाग हर साइंटिस्ट की थ्योरी को देखा और पढ़ा। अब वो चाहता था कि आप अब तक पढ़े ज्ञान का प्रयोग कर के समय पर मशीन पर प्रयोग करें। रवि बहुत सिंपल लड़का था. उसको पता था कि कोई भी चीज बहुत सिंपल तरीके से शुरू होती है या आगे जाकर वो चीज मिसलेनियस हो जाती है मतलब बहुत मुश्किल हो जाती है। मगर कोई भी चीज़ बिना प्रयोग के पूरी नहीं हो सकती। रवि ने टाइम के बारे में कुछ लाइनें लिखी हैं वो मैं शेयर करता हूं इसे पढ़े:

वक्त-समय-समय

जब से वक़्त ने चलना सिखाया

कभी रुकना नहीं सिखाया,उम्र बढ़ता

जटा ह कभी मुड़ना नहीं सिखा, जब

फेली बार चला था तब बहुत धीरे

चल था, मगर जब चल गया तो कबी

झुकना नहीं शिखा, झुक जाती है हर

चिज़ इस्के एज,टुट के बिखर जाति ह क्योंकी

ये वक्त बहुत मजबूत है, हर चीज को चलता है,

दुनिया को घुमाता है, ये वो ताकत है, सबका घमंड मिटाता है, ये वक्त की कहानी है, बहुत सुनी होगी अपने मगर अब वक्त ए गया, वक्त को इंतजार है, अपने वारिस का जो ऐ और उसे घुमाए और दुनिया को चमत्कार दिखाये, क्या वक्त है भगवान कभी दुनिया ने जन्म लिया था, बहुत खिलाया और सिखाया

दुनिया को इस वक्त ने, मगर वक्त जब पेड़ा हुआ था तो बहुत अकेला था, मगर ये वक्त बहुत मजबूत था, इस वक्त को आज तक कोई रोक नहीं पाया, इसका जन्म स्थान कोई कोज नहीं

पाया, कहते हैं हम सब वक्त का खेल है, इस खेल को आज तक कोई जीत नहीं पाया, वक्त घूमता रहता है, उसे तलाश है उसकी जो हराय उसे, घुमाए उसे, उसे ये एहसास दिलाए

उसका भी एक वक्त है जो बहुत मजबूत है।

टाइम मशीन जो रवि चाहता था बिना शिव कृपा

नहीं बन सकती थी।

आप खुद सोचिए अगर आपको कोई ईशा यंत्र मिल

जाए जिसे आप समय की यात्रा कर सकें तो केशा

हो। रवि ने मौसम के बारे में कुछ लाइनें लिखीं, वो

मुझे शेयर करता हूं:

हर दिल को लुभाता है मौसम, सब को खुश रखता है मौसम, ये मौसम की कहानी है दिल में उमंग भरता है मौसम.सबको पसंद एक रंग होता है, हर रंग का एक मौसम होता है, हर मौसम की एक दुनिया है, मौसम को इंतजार रहता है अपने सहजादे का कब वो ऐ या उन्हें

देखे, मौसम ऐसा जो कोई देखे तो कहता है यार ऐसा मौसम नहीं देखा, क्या नजारा है हर दिल को छूटी देखने वाला हीरां है कहता है यार क्या मौसम है ऐसा मौसम नहीं देखा , इंसान को चाहत रहती है हमेशा मौसम देखने की, मौसम इतने की गिनाना मुश्किल है, मौसम का एक सौदागर है, सौदागर जो फ़िज़ाओं को मोड़ दे, बहुत सदियों बुरा लौटा है सौदागर अपने सफर से, उसके एक हुकम से मौसम भी बदल जाता है, सौदागर की बात निराली वो सौदा करता है।

वो जमाना याद आता है, वो मौसम याद आता है, रूह बन गया हु मुझे इंसान याद आता है...

अपने अलादीन के चिराग की कहानी भी पड़ी होगी

दोस्तो, आइए कुछ पंक्तियाँ रवि की नज़र से चिराग

के बारे में शेयर करता हूँ:

एक दुनिया है रोशनी की, चमकती है चमकती है, ये दुनिया है चिरागो की, ये जो आग है चिराग का राज है, ये दुआ है जो रोशन करती है चिराग लाखो सितारे शामिल हैं दुआ में, एक दुआ थी जिसने रोशन किया वो चीरा एजी लाखो सितारे

साथ थे जब ये दिन या रात आए थे, ये एक चिराग की कहानी है एक चिराग ही काफी है दुनिया रोशन करने को, दिन या रात साथ लेके आया है लेके जाएगा मन लो जश्न इनकी छाओ में,चिरागो की अपनी दुनिया होती है,चिरागो कि दुनिया में सिर्फ चिराग ही जाते हैं, बहुत कुछ बताने को ये चिरागो की बातें हैं रहने दो चिरागो में।

मतलब ये है कि रवि में कुछ अलौकिक शक्तियां थीं,

ऐसी थी जिस चीज के बारे में वो ज्ञान हासिल करना

चाहता था और शिव जी की असीम कृपा से वो उसे

इस्तेमाल करता था।

5

टाइम मशीन का निर्माण

रवि को पता है कि टाइम मशीन बनाने के लिए उसे क्या इस्तेमाल करना चाहिए और कहां से शुरुआत करनी चाहिए। उधारन के लिए चाय बनाने के लिए कौन सी चीज का उपयोग करना है इसके बारे में मुझे पता होना चाहिए जैसे हमें पानी चाहिए, चीनी चाहिए, चायपत्ती चाहिए, दूध चाहिए सारी चीज को मिक्स करके गैस पर उबालना चाहिए। फिर कप का उपयोग करना है. फिर हमें कप में चाय डालना है और फिर पीना है. देखने में तो चाय बनाना बहुत मुश्किल लगता है लेकिन जब कोई अपनी जिंदगी में पहली बार चाय बनाना चाहता है तो उसे इस्तेमाल करना बहुत मुश्किल लगता है।

तो आइए जानते हैं टाइम मशीन की रेसिपी में रवि ने क्या डाला। लगता है आप बहुत उत्सुक हैं!! समय + मशीन = समयमशीन, हमें सबसे पहले समय चाहिए और एक मशीन। अब आप जुड़े हैं भूतकाल से, देखिए आपकी बॉडी ही ये मशीन है जो आप

यात्रा करना चाहते हैं आप ये मशीन से अपना दैनिक काम करते हैं। अब यहां पे क्या हुआ रवि ने सबसे पहले भूतकाल में अपनी टाइम मशीन बनाई। एक दिन उसने एक सौर घड़ी बनाई जो सूर्य प्रकाश के साथ चलती थी। साल 2000 का था जिस दिन भगवान शिव की असीम कृपा रवि को मिली सोलर वॉच को हाथ में डाल कर रवि देख रहा था उसने घड़ी में 2 दिन पहले का टाइम सेट कर रखा था। अचानक घड़ी में से लाइट निकलती है और वो घड़ी में सेट टाइम और तारीख में पहुंच जाता है। उसको ये विश्वास नहीं हो रहा था कि ये सब कैसे हो गया वो भूतकाल में आ गया था वो बहुत खुश हो गया कि उसका प्रयोग सफल हो गया था। उसने फिर घड़ी में भविष्य का समय निर्धारित किया और वो फिर वर्तमान में वापस आ गया। क्यों की घड़ी तब तक ही काम करती थी जब तक उसमें सन लाइट स्टोर रहता था, अगर सूरज की रोशनी खत्म हो जाती तो घड़ी रुक जाएगी। नीचे दी गई पंक्तियाँ पढ़ें:

6

कोलंडर-कलेंडर-गुप्त द्वार

ये द्वार का एक चिन्ह है, ये एक दरवाजा है, इसमें परवेश परिवर्तित है, बिना अनुमती, ब्रह्माण्ड का रहस्य है, भौतिक विज्ञान का राज है, ते सुनो इसकी बात, शक्तियों का स्त्रोत है, यहीं रोशनी का आंशिक है, यहीं सभी रहस्यो का राज है, यहीं से वाणी निकलती है, एक छलनी है दिखने में...

ते हू, ता नहीं

ए हू, आ नहीं

पद सक्ते हो

पर पड़ा नहीं सकता

देख सकते हो

पर दिखा नहीं सकते

रवि को ये पता ही नहीं था कि जिस जगह उसका

घर बना हुआ है वो यूनिवर्स का गुप्त सीक्रेट गेट है

जहां से कोई भी यूनिवर्स के अंदर भर जा सकता है।

क्यों की घर प्राचीन था. लेकिन रवि ने जो सोलर

वॉच का आविष्कार किया था वो यूनिवर्स का सीक्रेट

गेट होने के कारण ही काम कर रही थी। और

भगवान शिव की कृपा से ही उसको ये शक्ति मिली थी।

7

शंकर भगवान की एंट्री

क्योंकि रवि एक हिंदू धर्म का लड़का था और इसी धर्म का पालन करता था। अब हुआ ये रवि की उमर 22 साल की थी जब उन्होंने टाइम मशीन बनाई थी। देखिए ये सारी कृपा तो भगवान शिव की ही थी, तभी भगवान शिव एक बालक का रूप लेकर रवि के पास आए थे, वो रवि को अपना नाम शंकर बताते हैं, वो रवि के पास जाकर पूछते हैं ये तुमने हाथ क्या है मुझे बताओ, रवि सब सच शंकर को बताता है। शंकर उसको बोलते हैं चलो तो फिट टाइम ट्रेवल करते हैं, शंकर वो सोलर वॉच को सेट करते हैं और वो डोनो सिद्धा फोहुच जाते हैं नागलोक, क्यों की ब्रह्माण्ड के स्वामी शंकर रवि के साथ वे तो शंकर को तो सब जानते थे, वो नागलोक में एक जंगल में मौजूद एक शिव मंदिर से निकलते हैं। ये रवि को निकलते ही एक लड़की दिखती है जिसे देख कर रवि उस पर मोहित हो जाता है रवि उस लड़की से जा कर मिलता है साथ

में शंकर भी है, वो लड़की रवि से फूटती है तुम यहाँ कैसे आए हो रवि बोलता है बस घुमते घूमते हम यहां फुच गए हैं. लड़की अपना नाम सुलोचना बताती है दोनों आपस में बात करते हैं, फिर सुलोचना शंकर और रवि को बोलती है चलो तुम्हें रहने की जगह बताती हूं। यहाँ पर ध्यान देने योग्य बात ये है कि सुलोचना नागलोक की राजकुमारी है। सुलोचना भी रवि को नागलोक में देख कर काफी मोहित हो जाती है, वो दोनों को एक घर में ले जाती है और रहने की सारी व्यवस्था थी। उसके बाद शंकर रवि को बताया जाता है कि ये नागलोक है और यहां सभी सांप हैं इच्छाधारी ये सब सुनकर रवि को पसीना आ जाता है मगर शंकर रवि को शांत करते हैं उसे विश्वास दिलाते हैं कि कुछ नहीं होगा बस तुम थोड़ा धैर्य रखो, अगले दिन जब सुलोचना रवि से मिलने आती है हो दोनों एक दूसरे को देख कर काफी खुश होते हैं, वो एक दूसरे को अपनी सारी बातें बताते हैं और फिर ये फैसला करते हैं कि दोनों शादी कर लेंगे, मगर उनकी ये बातें राज्य के गुप्तचर सुन लेते हैं या सारी बाते नागलोक के राजा जो है तस्कर को जा कर बता देता है।

8

नागलोक में शादी

तस्कर (नागलोक का राजा) जब सारी बातें गुप्तचुरो से सुनता है तो उसको बुरा लगता है वो अपने सैनिकों को आज्ञा देता है कि उन दोनों इंसानों को पकड़ कर राजदरबार में हासिल किया जय, शंकर तो सब जानते हैं, सैनिक शंकर और रवि को तस्कर के आगे हाज़िर कर देते हैं, मगर भगवान शंकर के आगे तो आज तक किसी की ना चली है ना चलेगी, शंकर तस्कर से बोलते हैं रवि और सुलोचना दोनों एक दूसरे से विवाह करना चाहते हैं, आप अपनी आज्ञा प्रदान करें। तस्कर भी चालाक नहीं था वो कहता है कि हमारे नागलोक में कभी सूरज नहीं आता है तुम सूरज को यहां ले आयो और मैं शादी करवा दूंगा।

शंकर के लिए तो ये चुक्तियों का काम था, शंकर ने आंखे बंद की और कुछ मंत्र बोले जिसके बाद कुछ ही सेकंड में सूरज नागलोक में दिखने लगा शुद्ध नागलोक में सूरज की रोशनी थी, ये सब देख कर तस्कर शंकर के सामने हाथ जोड़ कर खड़ा था वो पूछता है आप कोन हो, मगर शंकर उसको कुछ

नहीं बताते। वादे के अनुरूप सुलोचना और रवि की शादी हो जाती है। और शादी के बाद रवि भी इच्छाधारी नाग बन जाता है।

रवि और सुलोचना शादी के बाद बहुत खुश थे। मगर कुछ दिन बाद शंकर रवि को बोलते हैं हमें किसी काम से कहीं और चलना है। तो रवि सुलोचना को समझा कर बोलता हूं कि कुछ समय बाद वापस आ जाएगा।

९

अदृश्य नगर

शंकर रवि को लेकर नागलोक से निकलते हैं। वो रवि को लेकर एक अदृश्य शहर में जाते हैं, रवि बोलता है शंकर यहां तो मुझे कुछ भी दिखा नहीं दे रहा है, शंकर बोलते हैं ये एक अदृश्य राज्य है यहां लोग तो हैं लेकिन दिखाते नहीं देते हैं जिसमें किसी के पास अदृश्य शक्ति है केवल वो ही यहां देख सकता है, ये बात सुनकर रवि को बहुत अजीब लगता है, वो शंकर से बोलता है फिर हम यहां क्यों आए हैं, उसकी बात सुनकर शंकर बोलते हैं यहां 100 साल में 1 बार मेला लगता है जिसमें शुद्ध ब्रह्मांड के जादुई लोग आते हैं.

शंकर रवि को 1 सिक्का देते हैं और रवि को सिक्के अपनी जेब में रखने को बोलते हैं, सिक्का जेब में रखते ही रवि को बहुत सारे लोग दिखाते हैं। रवि देखता है कि हजारों लोग वाह-वाह कर रहे हैं। शंकर बोलते हैं यहां तुम हवा से कुछ भी बना सकते हो और फिर वापस वो हवा में मिल जाएगा। शंकर रवि को अदृश्य शक्ति के बारे में ज्ञान प्रदान किया जाता है वो रवि को समझते हैं कि हम हवा में

विलिन हो सकते हैं और फिर वापस एक असली रूप में वापिस आ सकते हैं।

<u>रवि का अनुभव</u>

10
जीवन के पल

नमस्कार साथियों आपका हार्दिक अभिनंदन हे ये जो
मैं आज आपको सुनाने जा रहा हूँ इसे पढ़ने वाले कृपया ध्यान
देकर पड़े ये जीवन की सच्चाई पर आधारित है
तो शुरू करते हैं देखिए वैसे तो किसी को कुछ नहीं पता कि
वो इस समय कहाँ पे क्या कर रहा है क्या होगा ये सब हमारा
विश्वास है जो हम काम करते हैं काम होता है ये सब हमको
कुछ पता नहीं रहता इसके बारे में मगर मनुष्य सोचता जरूर
है कि उसके भविष्य में उसके साथ क्या होगा कैसे होगा अच्छा
होगा बुरा होगा देखिये ये संसार ब्रह्मांड ये पृथ्वी लोक तिलोक
भगवान में विश्वास करना नहीं करना जन्म मृत्यु ये सब आदमी
के हाथ में नहीं है
लेकिन मनुष्य सोचता जरूर है कि वो कहा पर इस समय कैसे
है कभी ना कभी तो वो ध्यान लगाता है अपने पूरे जीवनकाल
में इस जीवन में जो भी घटित होता है वो मनुष्य के हाथ में नहीं
होता उसे कुछ पता नहीं रहता है कि आगे क्या होगा उसके
पीछे क्या घटा है लेकिन वर्तमान में जो वो काम करता है
उसको केवल उसी पैर ही डिपेंड रहना पड़ता है वो सोचता है
जो काम कर रहे हैं उसने किया है उस का ही परिणाम उसे
आगे मिलता है देखिये जब इंसान जन्म लेता है इस संसार में

आता है तो उसको कुछ नहीं पता कि वो कहाँ है धीरे धीरे वो बड़ा होता है जैसे किस घर में वो जन्म लेता है वहाँ पे उसके माँ बाप उसकी परवरिश करते हैं धीरे धीरे बालक बड़ा होता है धीरे धीरे वो अपने आसपास के वातावरण को देखता है महसूस करता है और फिर उसी के अनुसार वो धीरे धीरे जीवन में आगे बढ़ता है उसे ये नहीं मालूम होता है कि वो किस दिन मतलब किस काल में जन्म लिया है जैसे जैसे उसकी माँ बाप उसकी परवरिश करते हैं उसे संस्कार डालते है उसके अनुसार वो आसपास के वातावरण ऐटमोस्टफेयर में जाता है बोलता है मिलता है और उसके अनुसार काम करता है लेकिन जो ये पूरा का पूरा ब्रह्मांड सब से शुरू हुआ है और कार्यकाल जो ब्रह्मांड चालू हुआ है वो शुरू से चलता आ रहा है और चला जा रहा है इसके अंदर मनुष्य किस काल में जन्म ले रहा है और कैसे उसका काम चल रहा है इसका मनुष्य को कोई भी ज्ञान नहीं होता

अपने जीवनकाल में मनुष्य छोटे से धीरे धीरे बड़ा होते है उसका ज्ञान उसके अनुसार उसको आता है उसके अंदर आता है जो इतने सारे कार्य करने के होते हैं लेकिन विधाता के द्वारा जो लिखा गया है मनुष्य वो काम अपने जीवन काल में करता है कहते हैं विधाता के अनुमति के बिना पत्ता भी नहीं हिलता है मगर देखिए आप जीवनकाल में कुछ अच्छे कार्य करते हैं कुछ गलत कार्य करते हैं गलत कार्य के लिए आपको पनिशमेंट मिलती है अच्छे कार्य करते हैं तो उसके लिए आपको प्रशंसा मिलती है लेकिन ये सब आपके हाथ में नहीं है अनुभव किया होगा जैसे जैसे आप बड़े होते हैं आप स्कूल में जाते हैं शिक्षा ग्रहण करते हैं वहाँ पे आपको किताबें मिलती हैं जिसके द्वारा आप ज्ञान प्राप्त करते हैं इसमें कई श्रेणियाँ होती है हर श्रेणी में अलग तरह के कार्य किये गए होते हैं लेकिन आपको वो सब ज्ञान किताबों के द्वारा मिलता है कुछ अपने गुरु के द्वारा मिलता है कुछ आसपास के लोगों के द्वारा मिलता है लेकिन

आपको अपनी जिंदगी में करना क्या है आपको कहाँ तक जाना है ये सब आपको स्वयं ही तय करना होता है इसमें जो है आपकी अंदर जो ज्ञान प्राप्त हुआ है उसके अनुसार आपको कार्य करने होते है

आपको मैं ब्रह्मांड चुकी देवताओं के द्वारा बनाया गया है इसके अंदर बहुत सारी प्राकृतिक चीजें जिसके बारे में मनुष्य के जीवन काल में विचार विमर्श करता है जल वायु अग्नि पेड़ पौधे और बहुत सारी चीजो से यह संसार बना हुआ हे और ये सॉरी प्राकृतिक चीजें मनुष्य के द्वारा नहीं अपितु भगवान के द्वारा बनाई गई चीजें हैं इसके अंदर या ऊपर मनुष्य के हाथ में कुछ भी नहीं है इसको कुछ नहीं मालूम ये चीजें कहाँ से आई बनाई गई है मनुष्य को भी भगवान के द्वारा ही पृथ्वी वी पर भेजा गया है और जो भी वो काम इस पृथ्वी में करता है उसका सारा लेखा झोंका सारा रिकॉर्ड भगवान के पास रहता है देखिए आपको ये तो पता ही होगा प्राकृतिक व अप्राकृतिक के बीच में क्या संबंध हे जो चीजें भगवान के द्वारा बनाई गई है वो सारी प्राकृतिक होती है जो चीजें मनुष्य के द्वारा बनाई गई है उसको हम अप्राकृतिक कहते हैं तो आइये आप शुरुआत करते हैं असली मेन चीज़ की जिसका बारे में मनुष्य अपने जीवन में जरूर सोचता है पूछता भी है अब देखिए आप इस पृथ्वी में आए हैं तो आप की मृत्यु भी निश्चित है आपने बहुत सारे किताबों में पढ़ा होगा कि मनुष्य मृत्यु के पश्चात कहा जाएगा कि किस लोक में जाएगा स्वर्ग में जाएगा नरक में जाएगा लेकिन उसको उसके बारे में कुछ भी पता नहीं हे

आत्मा एक ऐसा शोध का विषय है जिसके बारे में मानुष हमेशा व्याकुल रहता है की आत्मा क्या है मरने के बाद मनुष्य आत्मा बन जाएगा वो फिर उसकी आत्मा कहा जाएगी इसका क्या होगा उसने अपने जीवन काल में जो भी काम किया है उसको भगवान उसे सजा देंगे ये इनाम देंगे कहते हैं आत्मा अमर हे वह कभी नहीं मरती अपने जीवन काल में अनुभव

किया होगा इस दुनिया में अनेकों मंदिर मस्जिद गुरूद्वारे चर्च आदि बने हुए हैं हम अपनी इस दुनिया से दूसरी दुनिया में भी जा सकते हैं ऐसे कुछ गुप्त रास्ते इस दुनिया में मौजूद है सोचिए क्या हो कि अगर हम पलक झपकते ही एक कॉल से दूसरे काल में पहुँच जाए कितना आसान हो जाएगा हमारी लिए कि हम अपनी गलत किए गए काम को ठीक कर सके मगर ये है सब भगवान की लीला है भगवान चाहे तो एक पल में मनुष्य के द्वारा किए गए सारे गलत कार्य को सही कर सकता है परन्तु भगवान के द्वारा जो बनाई गई यह दुनिया भगवान ने बनाए इसलिए है कि मनुष्य को परखा जाए देखिए दुख ये तो जीवन की सच्चाई है मनुष्य को कहा गया है कि वे इस जीवन में आकर अच्छे कार्य करें एक दूसरे की मदद करें मगर ऐसा होता नहीं है मनुष्य अपने जीवन में अच्छे कार्य को छोड़कर जो गलत काम है उसमें लग जाता है

तात्पर्य ये है है की अगर आप भगवान को सच्चे दिल से पाना चाहते हैं तो अपने जीवन में यह निश्चित करें जो भी कार्य आप अपने जीवन काल में करने जा रहे हैं कोई भी ऐसा काम न करें जिससे कि दूसरे प्राणी को कोई ठेस पहुंचे या से उसका कोई भी नुकसान हो देखिए भगवान के दर्शन की आस जिसके मन में लग जाए तो उसकी चाहत है रहती है कि उसे भगवान का दर्शन हो जाये इस जीवन कॉल में मनुष्य केवल अपने काम को अच्छी तरह से करना चाहिए और उसी भगवान को नाम भी जरूर लेना चाहिए क्या पता भगवान जीवन में आप से मिल रहे हो इस बात का हमेशा ध्यान रखें कि कभी भी किसी दूसरे प्राणी से गलत व्यवहार न करे....

आपने अनुभव किया होगा हे जब भी आप घर से बाहर निकलते हैं तो आ आप देखते होंगे कि हजारों लोग अपने अपने किसी दिशा में जा रहे हैं हर मनुष्य को भगवान ने अलग अलग काम हे रखा है हर मनुष्य अपने काम में लगा हुआ हे भगवान द्वारा बनाई गई दुनिया में हर एक मनुष्य की

भूमिका है दुनिया हर मनुष्य के द्वारा किए गए काम सी ही दुनिया चल रही है भगवान किसी के साथ भेद भाव नहीं रखते अगर कोई मनुष्य अपने काम से भटक जाता है तो उसे उसका फल भी उसी के अनुसार मिलता है इस दुनिया में हर चीज़ की अपनी एक स्पेशल भूमिका है ऐसे कोई काम नहीं जो मनुष्य नहीं कर सकता

इस पृथ्वी लोक में हर एक मनुष्य धन के पीछे भागता है क्योंकि इस दुनिया का हर काम धन के बिना नहीं पूरा हो सकता देखा जाए तुम मनुष्य के लिए धन सब कुछ है मगर इस दुनिया में जीव जंतु भी मौजूद जिनका इस ढंग से कोई लेना देना नहीं लेकिन फिर भी वह अपना कार्य करते हैं और उनकी नजर में धन उनके लिए कुछ और है हार्दिक जीव जंतु मनुष्य की नजर में धन उनके लिए अलग अलग है मनुष्य एक ऐसा प्राणी है क्यों इस दुनिया कब पढ़ते कार्य कर सकता है परन्तु मनुष्य लो भी है सिर्फ पढ़ते कार्य बिना मेहनत के चाहिये हर कार्य में उसे जीत जाएंगे हर कार्य में उसे विजयी होना चाहता है मगर ये सारे काम जो दुनिया में होते हैं भगवान ही उसे निश्चित करते हैं हर एक काम हर एक मनुष्य को अलग प्रदान किया गया है मनुष्य का जीवन काल को ही छोटा है कलयुग मैं तो अब तक हमने जाना मनुष्य इस पृथ्वी लोग इस दुनिया में जन्म लेता है छोटे से बड़ा होता ज्ञान अर्जित करता है पड़ता है दिखता है दुनिया देखता है लोगों से मिलता है जुलता है जब थोड़ा बड़ा हो जाता है तो नौकरी या अपना बिज़नेस करता पैसा कमाता है इस दुनिया में खर्च करता है वो भगवान को मानता है अगर तो उनकी सेवा भी करता है हम सब इस कार्य में लीन रहते हैं मगर कुछ मनुष्य ऐसे होते हैं तू संगति में पड़ जाते हैं जिसके कारण उनका यह जीवन व्यर्थ ही चला जाता वो इस दुनिया में कोई भी ऐसा काम नहीं कर पाते जिससे उनकी परिवार की वृद्धि हो सके तभी कहा गया है भगवान कि कोई भी काम करने से पहले उस पैर विचार विमर्श किया

जाए इसके बारे में सोचा जाए उसने अपने परिवार से राय ली
जय तब जाकर कोई कॉम करना चाहिए...

रवि का अनुभव

MANZIL (Destination, Goal)

Apni manzil pane ko bhtakta hai admi, Raste kai badlta hai admi umar nikal jati hai manzil tak phuchne me, Bhut thak jata hain admi, Mgar manzil mil jati To raste bnata kyo admi, Manzil milti nahi dhudne se, Manzil ke liye kyo marta hai admi, Esa kya hai manzil me ki apni umar nikal deta hai admi use dhudne me, Koi ranzis hai dosti hai ya Mohabbat hai jise pane ki khatir mar jata hai admi, Har ek raste ki apni

ek manzil hoti hai, Har ek sire ka sira hota hai, Sachai to yeh hai kai bar to raste me hi mar jata hai admi manzil nahi milti or kai bar manzil khud akar kehti hai chal tuje rasta dikhau khda tu kyu hai, Har manzil ki bhi apni ek manzil hoti hai, Ye manzile kabi khtam nahi hoti, Raste bnane padte hai har subah ek jasi nahi hoti, Mgar kaun smjay admi ko, Hamara to shauk hai chalna manzile to apne ap mil jati hai.

WAQT-TIME-SAMAY

Jab se waqt ne chalna shikha h
kabi rukna nahi shikha,Age badta
jata h kabi mudna nahi shikha,Jab
pheli bar chla tha tab bhut dhire
chla tha,Mgar jab chal gya to kabi
jhukna nahi shikha,Jhuk jati h har
chiz iske age,Tut k bikhar jati h kyonki
yeh waqt h bhut shakt h,Har chiz ko chlata h,
Duniya ko ghumata h yeh,Yeh vo takat h sabka
ghmand mitata h,Yeh waqt ki khani h bhut suni hogi apne
mgar ab waqt a gya h waqt ko intjar h apne waris ka jo aye
aur use ghumay aur duniya ko chamatkar dhikay,Is waqt ki

god m kabi duniya ne janam liya tha,Bhut khilaya h aur shikhaya h
duniya ko is waqt ne,Mgar waqt jab peda hua tha to bhur akela tha,Mgar ye waqt h bhut shakt h,Is waqt ko aj tak koi rok nahi paya,Iska jnam sthan koi koz nahi paya,Khate h hum sab waqt ka khel h,Is khel ko aj tak koi jeet nahi paya,Waqt ghumta rehta h,Use talash h uski jo haray use, Ghumay use, Use yeh ehshas dilaye ki uska ki bhi ek waqt hai jo bhut shakt hai.

CHIRAAG

EK DUNIYA HAI ROSHNI KI, CHAMKTI HAI CHAMKATI HAI, YEH DUNIYA HAI CHIRAAGO KI, YEH JO AAG HAI CHIRAAG KA RAAJ HAI, YEH DUAA HAI JO ROSHAN KARTI HAI CHIRAAG LAAKHO SITAARE SHAMIL HAI DUAA ME, EK DUAA THI JISNE ROSHAN KIYA VO CHIRAAG LAAKHO SITAARE SAATH THE JAB YE DIN OR RAAT AYE THE,YEH EK CHIRAAG KI KAHANI HAI EK CHIRAAG HI KAFI HAI DUNIYA ROSHAN KARNE KO,DIN OR RAAT SAATH LEKE AYA HAI LEKE JAYGA MNAA LO JASHAN INKI CHAAO ME,CHIRAAGO KI APNI DUNIYA HOTI HAI,CHIRAAGO KI DUNIYA ME SIRF CHIRAAG HI JAATE HAI, HAI BHUT KUCH BATAANE KO YEH CHIRAAGO KI BAATE HAI REHNE DO CHIRAAGO ME.

Colander-Cullender-Secret Gate

Yeh Dwar Ka Ek Chinh Hai, Yeh Ek Darwaja Hai, Isme Parvesh Varjit Hai, Bina Anumati, Bhramhand Ka Rehsay Hai, Bhotic Vigyan Ka Raj Hai, Te Suno Iski Baat, Shaktiyo Ka Strotra Hai, Yahi Roshni Ka Partik Hai, Yahi Sabhi Rehsayo Ka Raj Hai, Yahi Se Vaani Nikalti Hai, Ek Chahlni Hai Dikhne Me...

TE HU, TAA NAHI

A HU, AA NAHI

PAD SAKTE HO
PAR PADA NAHI SAKTE
DEKH SAKTE HO
PAR DIKHA NAHI SAKTE
Ragistan king (Glove)(Desert):
Yeh jo behti hai,Par jameen par rehti hai,Yeh rait hai jo ragistan banati hai,Sadiyo purana raj hai,Yeh ragistan kuch khas hai,Kahani ragistan ki usi ki zabani,Ek rait ka raja hai aur ek kala dastana hai jo uski shaan badata hai,Yeh ek sacahi hai,ragistan ki parchai hai,Ek rait ka parda hai jo upper se niche samaya hai,Dastane ne upper niche banaye hai,Ek Qyamat ki rani hai jo iski diwani hai,Yeh jo rait ka parda hai,Iski bhut charcha hai,Yeh ek jaadu hai,Dastane ki bhi baju hai,Nissan bante nahi rait pe mit jaate hai,Isme jaane wale Akshar bhatak jaate hai, Rait pe chalne ko man tarshta hai,Samunder jaane ke bad hi to marusthal banta hai,Alam Yeh hai aaj ragistan bhi rait ko tarshta hai...
ROSHNI-LIGHT
Jab se dekha hai,tumhe paya hai,roshni hu me,har chiz par mera saya hai,hwa se tej chalti hu,mujko na koi rok paya,ye suraj aur chand ki to sirf baaten hai,mere bina to sab aadhe hai,ek gehra raaj hai mujme smaya baat tab ki hai,jab andhera tha charo aur smaya,Is jaah se aage,jaah aur bhi hai,sittaro se pucho,chand aur bhi hai,Taalash thi roshni ki,jab andhere se andhera takraya tha tab ek roj roshni ne jnam paya tha,har chiz par hai aadhikar mera,mere bina na koi kuch kar pata.
Roshni hoti nahi chirrago me,Diye jalte nahi baarsato me,Raasto me akshar andhera raj karta hai,mgar dua hai hmari jo chirrago me parkash karta hai,Har jagah chirrag jalaye nahi jate,Jaise andhere ko har jagah mitaya nahi jata.
DILLAGI

DILLAGI DIL KI LAGI BAN GAI: PYAR EK VAJAH THI VO TUM BAN GAI, DIL KI GEHRAI ME TUM AB UTAR GAI, LAFHJO KO JOD KAR PYARI SI EK SHKAL BAN GAI, MASTI ME DUBE TUM EK JAAM KI NAZAR BAN GAI, CHERE PE AJAB SI EK CHAMAK BAN GAI, TUM MERI SASO ME YU BAS GAI, MERE SAFAR KI TUM HUMSAFAR BAN GAI, TUM AB JEENE KI EK VAJAH BAN GAI, LIKHNE KI VO AADAT BAN GAI, AAB TUM MERI KALAM BAN GAI...

DIL ME UTAR GAI, TUM EK TALWAR HO, SAATH RAKHTE HAI HUM TUMHE HUMESHA KYO KI TUM HI TO MOHABBAT KA AAUJAR HO...

TAMMANA

EK AJAB SI KHWAISH HAI,DIL ME SMAI HAI,VO TAMMANAO KI RANI HAI,REHTI HAI GHAATIO SE PARE,KBHI KBHI AATI HAI GHAATIO ME SEER KARNE,ISHQ KA JAADU KAR JATI HAI,MAJBURI ME JKAD JATI HAI,FIR VO MJAA LETI HAI,APNE JAADU KA, TAMMANA KE KHEL NIRALE KHOJTI REHTI HAI APNE TAARE KO,JO KABHI USKE PAAS THA,EK ROJ USE SAPNE ME DEKHA,USKE MEHAL ME,SAPNO KI BHI EK SHRAHAD HOTI HAI,USKE DO SHIPHAI AYE THE DEKHA MENE UNHE TEHLTE,UDHAR KA DHUA BHI BHUT NIRALA HAI,ABHI MAKSAD MIL GYA HAI,KAAM ABHI HUA NAHI FIR EK RAAH BNANI HAI,MANJIL TEYAAR HAI,MGAR SOCHTA HU KIS PE JAU,BHUT DHUVIDHA HAI,FIR SOCHTA HU PHLE UDHGHATAN KARVA LU...

STAR: STAR

Hai yeh sabse alag,rehta hai dur gagan me,yeh bhut pyara hai,yeh ek tara hai,rehta hai sabse upar jo iske pas aye vo isme kho jay,planet bnate hai yeh isme kuch khas hai yeh planet ka raj hai,taro ki alag hai duniya sabko chlaate hai, Yeh Taro ka khel hai,Tare hi khelte hai...

KHOZ

Humne jo paya hai vo tum pa na paoyge,dil ki har khidki tum khol na paoyge,in duriyo ko tum chu na paoyge,rehti hai pas hamare,chahato ki duniya me tum kuch chah na paoyge,kasi yeh kashmkash hai,tum seh na paoyge,ek roj ajab si bat hui,chahat thi,hasina bi thi,duriya bi sath thi,fir bi hume na jane kis manjil ki talash thi,har chiz ka is jha me akaar hota hai,hume shayad kisi akaar ki talash thi,samundr samne tha fir bi hume pani ki talash thi.

KHWABOO ME KOI ATA HAI

Use pane ko dil karta hai,khwaboo me jo ata hai,apni jhalak dikhlakar aakh khulne par chla jata hai,dil tadpta hai pane ko use bechen ho jata hai,Roz khwaboo m uska didar hota hai uska u sharma ke kuch mujse khna bhut Mza deta h,mgar vo khwaboo m hi ate h,dil me guitar bajti h me usse milta hu aur hum kho jate h,ye story chalti rhti h iske age m bad nhi pata,sochta hu use zindgi m lau mgr fir sochta hu phle khwab to pura kar lu,zindgi to ek h,khwabo ko to roz ana hai.

EK SHAM

Dil uske nam hua,esa ek sham hua,chand bhi tha chandini bhi thi,muje us se pyar hua,esa ek sham hua,bijli chamak rahi thi,sitare muskara rahe the,do dilo m ikrar hua,esa ek sham hua,badal chal rhe the,hwa bhi mojod thi,do sapno ka milan hua,esha ek sham hua,aag ka dariya tha or kud ke aye the,ye sapna sach hua,esha ek sham hua,Ishq ki raat thi,Mohbaat sath thi,pyar se pyar hua,esa ek sham hua,mehfil saji thi,sangeet bhi tha,halki barsat thi,vo mcre pas thi,vo meri zindagi m ayi,esa pheli bar hua,Jane kya tha us din,sab kuch us sham hua.

TRUTH

RIGHT IS ALWAYS RIGHT FROM RIGHT SIDE AND IF RIGHT GOES TO LEFT SIDE YOU WILL BE SURPRISED IT IS ALSO RIGHT FROM LEFT SIDE…
If you say ATOM is the smallest particle then i say UNIVERSE is an ATOM and u still don't know about UNIVERSE it is very funny.

MAUSAM

Har Dil ko lubhata hai mausam,sab ko khush rakhta hai mausam,ye mausam ki khani hai dil me umang bharta hai mausam.sabko pasand ek rang hota hai,har rang ka ek mausam hota hai,har mausam ki ek duniya hai,mausam ko intzar rehta hai apne sehjade ka kab vo aye or unhe dekhe,mausam aisa jo koi dekhe to kehta hai yar aisa mausam nahi dekha, kya nazara hai har chiz dil ko chuti hai dekhne wala heyran hai kehta hai yar kya mausam hai aisa mausam nahi dekha,Insaan ko chahat rehti hai hamesha mausam dekhne ki,mausam itne ki ginana muskil,mausam ka ek saudaagar hai,saudaagar jo fizaao ko maud de,bhut saadiyo bad lauta hai saudaagar apne safar se,uske ek hukam se mausam bhi badal jate hai,saudaagar ki bat nirali vo sauda karta hai.

VO JAMMANA YAAD ATA HAI, VO MAUSAM YAAD ATA HAI, ROOH BAN GAYA HU MUJE INSAAN YAAD ATA HAI …

www.ingramcontent.com/pod-product-compliance
Lightning Source LLC
Chambersburg PA
CBHW040903110726

48005CB00001B/174